Lena Widmann

Exposé sur le film et le livre L´amant

GRIN Verlag

Bibliografische Information der Deutschen Nationalbibliothek:

Die Deutsche Bibliothek verzeichnet diese Publikation in der Deutschen National-
bibliografie; detaillierte bibliografische Daten sind im Internet über http://dnb.d-
nb.de/ abrufbar.

Imprint:

Copyright © 2013 GRIN Verlag GmbH
Druck und Bindung: Books on Demand GmbH, Norderstedt Germany
ISBN: 978-3-656-59173-3

GRIN - Your knowledge has value

Der GRIN Verlag publiziert seit 1998 wissenschaftliche Arbeiten von Studenten, Hochschullehrern und anderen Akademikern als eBook und gedrucktes Buch. Die Verlagswebsite www.grin.com ist die ideale Plattform zur Veröffentlichung von Hausarbeiten, Abschlussarbeiten, wissenschaftlichen Aufsätzen, Dissertationen und Fachbüchern.

Visit us on the internet:

http://www.grin.com/

http://www.facebook.com/grincom

http://www.twitter.com/grin_com

EXPOSÉ sur le film et le livre « L´amant », Université de Vienne, 2013

Indroduction

Le thème de ce travail est le film „L´amant", qui est un film franco-britannico-vietnamien. Dans le film, il s´agit d´une jeune fille qui tombe amoureux d´un homme riche chinois. Le focus de ce travail est surtout mise sur l´indochine, qui est le grand thème de ce seminaire.

Le film a été réalisé par Jean-Jacques Annaud et adapté du roman de Marguerite Duras. Il a été filmé dans deux langues differentes: l´anglais et le chionois. Le film „l´amant" est sorti en 1992, mais l´histoire joue dans les années 1920 en Indochine. (vgl. Witte, 1992)

Des années plus tard, une dame âgée se souvient de cette aventure et nous raconte son histoire. Donc, l´histoire porte bien sur des choses autobiographiques de Marguerite Duras, c´est à dire ses „périodes cachées" en Indochine. Elle a utilisé des élements qu´elle a vecu elle même, mais elle travaille quand même avec des moments fictives. Et dans quelques scenes, il est impossible de faire une séperation entre autobiographique ou fiction. (vgl. Larousse)

Même si le film est détaillé, Duras n´était pas contente. L´auteur se distancait clairement de ce projet, parce qu´à son avis, l´histoire n´était pas la même qu´elle avait écrit. Selon elle, on a seulement pris des scenes erotiques de son livre, mais les autres scenes du film ne sont pas présent au livre. Donc, elle était decu, faché et elle s´est senti abusé. Pour Duras, l´amant raconte l'histoire d'une fille qui devient femme et découvre sa passion d'écrire. Il est frappant que Duras ne donne pas des noms aux caractères de ce livre-là. Il y a l'enfant, la petite fille ou enfant prostituée, qui commence l'affaire avec l'amant. Elle a 15 ½ ans. De plus, il y a la mère, les frères, le père et l'amant.

Même le roman a été vendu deux mille fois et il a été traduit en 43 langues differents. Le roman était publié en 1984. Le livre s´est vendue 2.400.00 fois et avait donc un grand sucèss. L´auteur a recu le Prix Goncourt pour son oeuvre. Elle a aussi gange le Prix Ritz-Paris-Hemingway (meilleur roman publié en anglais) en 1986. Le film de lequel on parle dans ce travail est basé sur ce livre.

Les thèmes abordées du film

Maintenant, je vais vous presenter les themes abordés du film: les problemes dans la famille, la richesse et la pauvreté, et l´histoire d´amour. Nous avons choisis ces trois thèmes parce qu´a notre avis, ce sont les thèmes les plus importants.

Les problemes dans la famille

Le thème de la famille est vraiment dominant dans l´histoire. La situation familiale est très difficile, sourtout la relation entre la mère et la fille.

La mère habille sa fille d´une manière provocante pour que les hommes la regardent. Elle éspere qu´un jour, un homme riche tombe amoureux de sa fille. Mais quand la mère decouvre que sa fille a commencée une relation avec un Chinois riche, elle est vraiment choqué et elle fait des reproches à sa fille. Finalement, elle frappe la fille, parce qu´à ce temps-là c´était une honte pour une fille blache d´avoir une relation avec un Chinois.

J´ai trouvé une citation du livre qui montre bien les difficultés entre la mère et la fille:

> „Dans des crises ma mère se jette sur moi, elle m'enferme dans la chambre, elle me bat à coups de poing, elle me gifle, mon corps, mon linge, elle dit qu'elle trouve le parfum de l'homme chinois, elle va plus avant, elle regarde s'il y a des taches suspectes sur le linge et elle hurle, la ville à l'entendre, que sa fille est une prostituée, qu'elle va la jeter dehors, qu'elle désire la voir crever et que personne ne voudra plus d'elle, qu'elle est déshonorée, une chienne vaut davantage." (Duras, 1984, S. 73)

Malheureuxment, le frère a aussi beaucoup de soucis et problemes et il essaie de les solutionner avec des droges. Il devient très aggressiv envers sa soeur. Donc, la fille ne gagne pas d´amour, ni de sa mere, ni de ses freres.

Le prochaine thème important est la difference entre la richesse et la pauvreté.

Des differences ethniques et sociales étaient surtout visible à cause de la couleur de la peau. Les vientnamiens étaient très pauvres, ils ont surtout travaillé comme agriculteurs ou employées pour les peuples europeens et chinoises. Les blancs ont formé la classe moyenne, mais ils étaient encore situés sous les chinois, qui ont formé la classe supérieure.

Dans l´histoire, les peuples chinois ont pris tout de la famille et donc ils n´avait pas beaucoup d´argent. La famille souffre enormement à cause des soucis financiaires. Elle éspere qu´un jour, un homme riche tombe amoureux de sa fille et grace à cela, la famille aurait plus d´argent. Donc, pour la mère, ce n´est pas important que sa fille soit heureuse, la chose la plus importante est que la famille a beaucoup d´argent.

Je veux vous presenter une autre citation du livre qui montre bien la situation financiaire de la famille:

> „(...) car il faudra bien que l'argent arrive dans la maison, d'une façon ou d'une autre il le faudra. (...) Reste cette petite-là qui grandit et qui, elle, saura peut-être un jour comment on fait venir l'argent dans cette maison. C'est pour cette raison, elle ne le sait pas, que la mère permet à son enfant de sortir dans cette tenue d'enfant prostituée. (...) Ca fait sourire la mère." (Duras, 1984, S. 33)

Le prochain thème est l´amour.

L´amour secret de la fille et son amoureux, le jeune Chinois riche, est bien sur au centre de l´histoire. Une chose bizarre est que les personnages principaux, la fille et le Chinois, n´ont pas de noms, ni au livre, ni au film.

Dès la premiere rencontre, les deux sont amoureuxes.

En revanche pour l´amour physicale de la fille, le Chinois la donne d´argent pour sa famille.

À cause des problemes familiaux, la fille dit qu´elle n´est pas amoureuse de Chinois.

Donc il devient claire pour tous les deux que son amour n´a pas d´avenir, sourtout pas au présence public.

Malheureuxment, le Chinois devrait epuser une autre femme aux causes réligieuses et sociales.

La fille quitte la ville avec sa mère et son frère pour Paris et les amoureux sont séparés. Mais plusieurs ans après, la fille recoit un appel du Chinois et il dit qu´il n´a jamais oublié son amour et qu´il a encore des sentiments forts pour elle

Maintenant, je vais analyser une scene du film, la traversée du Mekong.

J´ai choisi ce scène parce qu´elle est vu comme point tournant de l´histoire. C´est aussi la premiere rencontre de la fille et du Chinois.

Image 1+2: L´apparence de la fille

Dans cette premiere image, la fille se trouve sur le bac. Même s´il y a beaucoup de gens sur le bac, le focus de cette scène est mis sur la fille.
Elle porte une robe grise, ses cheveux sont fait comme deux nattes tressés avec des noeuds bleus. Sur sa tête, elle porte un chapeau blanc. Ce chapeau a une signification importante: Avec ce chapeau, elle veut cacher son visage filiale. Elle veut commencer une nouvelle vie, et elle veut que les gens pensent qu´elle est une vraie femme.
Mais le chapeau n´est pas la seule chose qui est interessant concernant son apparence. Ses chaussures sont très frappants aussi: il y a des petits cailloux de strass et ils sont trop grands pour la fille. La fille est perdue dans ses pensées, elle se sent un peu seule à cause de sa situation familiale.

Image 3: Le bac sur le Mekong

Les lieux les plus importants du film sont la ville Sadec, d´òu la fille vient et aussi la ville Saigon, où la fille va à l´ecole. La seperation entre ses deux lieux fait le fleuve Mekong. On peut traverser le Mekong seulement avec le bac. Dans cette image, on voit la saleté du Mekong. L´eau du fleuve est marron, pas bleu, pas claire, pas propre.

Image 4: Le chinois arrive sur le bac.

Danc cet image, on voit que les gens, qui se trouvent sur le bac, sont habillé d'une manière pauvre, ils ne portent pas de chaussures, les vetements sont surtout en couleur marron, blanc, gris ou noir. Les gens travaillent surtout dans l'agriculture ou comme employé pour la nation chinoise et européene.
Tout à coup, une voiture noire et propre apparait sur le bac. Dans la voiture, il y a même un chauffeur et il chasse les gens en klaxonnant. La fille regarde, perdu dans ses pensées, à la direction de la voiture.

Image 5: L'apparence de l'amant

L apparence de l'amant est tres soigné. Il est le fils d'une famille riche et il a recu une éducation bonne. Il porte un costume beige, un bague au doit et des chassures marrons. En quittant la voiture, on voit les chassures de lui, bien sage et de cuir. Ses cheveux sont coiffées.

Image 6+7: La premiere rencontre de la fille et l'amant

Après qu'il est desendu de la voiture, son regard timide va enves la fille. Il prend un etoui en or de cigarettes et il lui offre une cigarette. Elle la nie. Le chinois s'allume quand même une cigarette. Il a l'air d'etre très nerveux. Il commence de parler avec la jeune fille et dit qu'il trouve interessant qu'une fille blache se trouve dans un bac où il se trouvent seuelement des Vietnams. La fille lui regarde, mais elle ne dit rien. En plus, il dit qu'il touvre le chapeau d'elle un peu bizarre. La fille ne dit rien non plus. Mais après, il la fait des compliments.

La Biographie de Marguerite Duras

Marguerite Duras, de son vrai nom Marguerite Donnadieu, est née le 4 avril 1914 à Gia Dinh, près de Saigon, en Indochine. Marguerite Duras passe toute son enfance au Viet-Nam. La mère était enseignante dans une école. La famille a fait partie des Petits Blancs, c'est-à-dire qu'elle n'était pas riche, mais blanche- une signe de la supériorité.

En 1932, Duras a quitté l'Indochine pour la France pour poursuivre ses études.

Elle rencontre Robert Antelme qu'elle épouse. De cette marriage, il y a un premier enfant, qui est malheureusement mort-né. Dans cette période troublé dans la vie de Marguerite Duras, elle rencontre son second mari, Dionys Mascolo.

Elle publie son premier ouvrage: "Les Impudents".

Marguerite Duras s'inscrit alors au PCF, la Parti Communiste Français.

Quand elle a commencé à écrire, elle a aussi commencé à boire et elle a souffre de plus en plus de l'alcoolisme. En 1984, L'Amant était publié. Elle meurt le 3.03.1996 à son domicile parisien de St Germain des Près.